ALLOCUTION

DU

10 SEPTEMBRE 1884

Imprimatur.

Aquis-Sextiis 11ª septembris 1884.

† AUGUSTINUS, Archiep. Aquen.

Arelat. et Ebred.

ALLOCUTION

AU MARIAGE

DE

M. Marie-Jérôme-Félix ALEXIS

Capitaine du Génie

AVEC

Mlle Charlotte - Marie - Thérèse - Sextia ROUX

Le 10 Septembre 1884

DANS L'ÉGLISE PAROISSIALE DE SAINT-CANNAT

PAR

M. L'ABBÉ MARBOT

Vicaire Général d'Aix

—

J. M. J.

—

AIX

A. MAKAIRE, IMPRIMEUR DE L'ARCHEVÊCHE,

2, rue Thiers, 2

1884

Tulitque annulum de manu sua et dedit
cum in manu ejus.

Le roi prit son anneau et le passa au
doigt de Joseph (Gen. XLI, 42).

Rien de plus simple que cette cérémonie du Pharaon. Elle était pourtant décisive ; et nul égyptien ne se trompa sur le pacte et l'investiture dont elle était le signe. — Ce signe, Monsieur, est celui que nous vous demanderons tout à l'heure, en vous invitant à passer vous-même l'*anneau nuptial* au doigt de votre épouse.

Si une telle pratique, tant vieille dans l'histoire, est restée, à travers les âges, la marque de l'alliance la plus antique et la plus indissoluble, c'est qu'elle n'est point un rite vide de sens.

L'anneau a plusieurs significations, parmi lesquelles il ne peut vous échapper qu'il est un *signe de puissance*. C'est en effet de leur anneau que jadis les rois scellaient leurs lettres, pour revêtir leurs ordres du cachet d'authenticité qui en affirmait la valeur. Et l'Eglise, qui n'a point la mobilité des institutions humaines, garantit encore la signature de son Pasteur suprême en la donnant « sous l'anneau du pêcheur ». Ainsi s'explique comment la transmission de l'anneau indiquait la transmission du pouvoir. Et voilà pourquoi Joseph, le sauveur de l'Egypte, recevait l'anneau du Pharaon.

Or, ce symbole de la puissance est, à bon droit, le signe de l'union conjugale, car *la famille est une puissance* des plus primordiales et des plus nécessaires.

Tant vaut la famille dans une nation, tant vaut la nation elle-même. C'est dans l'ordre établi de Dieu ; et c'est écrit dans l'histoire. Voyez avec quelle physionomie à la fois énergique et sereine se présentent, au seuil même de l'humanité, ces tribus patriarchales dont le gouvernement n'était autre que la constitution même de la famille. Interrogez les annales de tous les peuples. Il est facile d'y lire que les heures de gloire furent celles où le foyer domestique abritait, sous l'étreinte d'un lien indissoluble, une autorité inviolée et une fécondité bénie du ciel, donnant à la patrie des bras pour la défendre et à Dieu des cœurs pour l'aimer.

Mais quand cette institution divine du mariage s'écarte des principes que lui a dictés son souverain créateur, elle n'est plus une puissance ; à vrai dire, elle n'est plus même une union ; c'est un accouplement capricieux, qu'un caprice peut disloquer. C'est l'heure de la décadence.

Aussi, Notre Seigneur Jésus-Christ, venu à l'une de ces heures au milieu d'une nation ramollie, commença-t-il par relever la famille, pour relever la race humaine. Il rappela les peuples à l'indissolubilité originelle du mariage, en en condamnant la rupture : « Ab initio non fuit sic [1] ». Et il donna au foyer le principe de sa puissance par ce mot de l'union : « Que l'homme ne sépare point ce que Dieu a uni. Quod Deus conjunxit homo non separet [2]. »

Tels sont les vrais principes du mariage. Telle est la vraie base de la famille. Là seul en est la grandeur et la noblesse. Là seul est la force du lien sacré, qui en fait une puissance garantissant l'ordre social.

Si je parle de la sorte, Mademoiselle et Monsieur, c'est pour mieux justifier les espérances que j'attache à la bénédiction dont le Seigneur va vous gratifier. Car en affirmant sur quels fondements solides s'établit votre union, nous tous qui vous entourons de nos souhaits et moi qui reçois vos serments, nous sentons grandir notre confiance en la réalisation de ces vœux.

La droiture du sens chrétien qui sauvegarde ces principes, Monsieur, est certainement votre apanage. Vous appartenez à la grande école de la discipline. Et votre esprit judicieux s'est habitué à reconnaître que tout calcul dépend

______

(1) Matt. xix, 8. — (2) Ibid., 8.

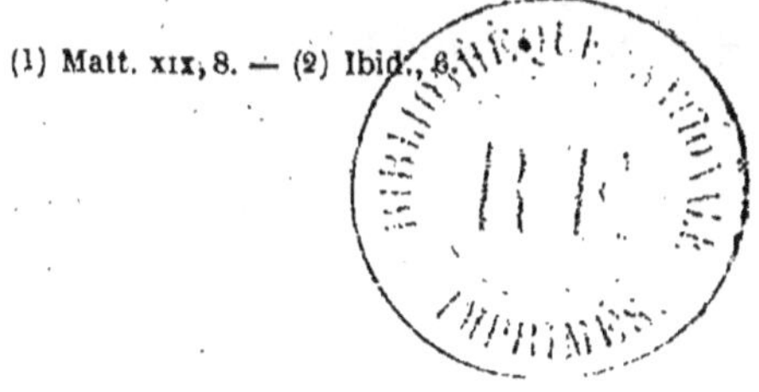

des données que l'on aligne, et qu'il ne peut être juste qu'en restant logique. Si cette rectitude de votre jugement ouvre devant vous dans la carrière un bel avenir que nous aimons à saluer, les qualités de votre cœur vous ouvrent, aujourd'hui, avec non moins de sûreté le seuil du foyer nouveau que vous allez fonder.

Pour vous, Mademoiselle, quelle sainte croyance ou quel sentiment pieux manquerait à la dot des trésors de l'âme, que vous portez à ce contrat? Ce que l'on pense, ce que l'on croit, ce qui se pratique, ce que vous avez appris à la maison paternelle : c'est ce que vous êtes ; et il suffit. Le nom de votre digne père n'est-il pas écrit en caractères d'or dans les fastes de l'un de nos plus illustres sanctuaires ? Il nous eût été difficile de ne point nous le rappeler, quand naguère, au milieu de ses angoisses, notre intelligente et religieuse ville d'Aix se levait tout entière pour aller se jeter aux pieds de Notre Dame de la Seds. Nul n'oubliait alors qu'à une pareille heure de détresse, en 1865, le premier magistrat de la cité s'agenouillait devant cette Madone vénérée, pour lui offrir le cierge votif et lui dire d'une voix émue la foi et l'amour de ses Aixois. Un pareil acte est une signature qui jamais ne se laisse protester. Signer ainsi son nom, c'est grandement l'honorer. — Ce nom, qui est le vôtre, Mademoiselle, vous allez, il est vrai, le quitter à l'instant pour prendre le nom de votre époux. Mais vous n'en changerez que la forme, vous en garderez l'honneur.

N'avais-je pas raison de dire, Mademoiselle et Monsieur,

que vous étiez l'un et l'autre aptes à fonder une vraie famille chrétienne, capable de toute la puissance que lui veut l'ordre divin.

Inclinez-vous par conséquent avec confiance sous la main qui s'estime heureuse de vous bénir.

Que Dieu nous entende! Et qu'il vous donne force et courage pour accomplir ensemble votre tâche. La vie humaine, quelque heureuse qu'on la suppose, a toujours ses mélanges de tristesse et de joie. Mais quand le sentiment du devoir domine ces fluctuations, nous sommes forts; nous restons une puissance; Dieu nous aide et la dernière victoire est à nous.

Prenez donc cet anneau nuptial comme le symbole du *nœud puissant* que vous allez former.

Je désire et je souhaite qu'il soit pour vous, comme fut celui du Pharaon pour Joseph, le gage des prospérités du temps et des gloires de l'éternité.

Ainsi soit-il